重温四时八节

CHONGWEN
SISHI-BAJIE

中秋

ZHONGQIU

马 芳 / 主编

马 丙 / 绘

CΠS | 湖南美术出版社
PUBLISHING & MEDIA

全国百佳图书出版单位

· 长沙 ·

中庭地白树栖鸦，冷露无声湿桂花。
今夜月明人尽望，不知秋思在谁家。

图书在版编目（CIP）数据

重温四时八节．中秋 / 马芳主编．—长沙：湖南
美术出版社，2019.11（2022.8 重印）
ISBN 978-7-5356-8534-6

Ⅰ．①重… Ⅱ．①马… Ⅲ．①节日—风俗习惯—
中国 Ⅳ．① K892.1

中国版本图书馆 CIP 数据核字 (2018) 第 286650 号

重温四时八节·中秋

出 版 人：黄　啸
主　　编：马　芳
编　　著：颜蜜如
绘　　者：马　丙
责任编辑：吴海恩
助理编辑：易明镜
责任校对：汤兴艳
整体设计：格局视觉 **Gervision**
出版发行：湖南美术出版社
　　　　　（长沙市东二环一段 622 号）
印　　刷：永清县晔盛亚胶印有限公司
　　　　　（河北省廊坊市永清县工业园区榕花路 3 号）
版　　次：2019 年 11 月第 1 版
印　　次：2022 年 8 月第 7 次印刷
开　　本：710mm ×1000mm　1 /16
印　　张：6.75
书　　号：ISBN 978-7-5356-8534-6
定　　价：29.80 元

邮购联系：0731-84787105　邮编：410016
网址：http://www.arts-press.com
电子邮箱：market@arts-press.com
如有倒装、破损、少页等印装质量问题，请与印刷厂联系调换。
联系电话：0316-6658662

目录

contents

话说中秋

01

这就是中国人的中秋，团圆的中秋，浪漫的中秋，一年中最美的节日。

夏日渐远，秋风袭来，当丹桂飘香，月儿渐圆，我们迎来了我国第二大传统佳节——中秋。

每年的农历八月十五是我国传统的中秋佳节。在我国的农历里，一年分为四季，每季又分为孟、仲、季三个部分，每年农历七、八、九三个月为秋季，古籍分别称为"孟秋""仲秋"和"季秋"，八月十五恰逢三秋之半，所以取名"中秋节"，也叫"仲秋节"。中秋节的主要活动都是围绕"月"进行的，又因有祈求团圆的习俗，中秋节又称"月亮节""团圆节"，是一个无限美好、甜蜜、温馨的节日！

自古中秋就是阖家团圆的日子，

这一天，儿女回到父母身边，几代同堂，气氛非常温馨。母亲早早地去镇上买月饼和一些好吃的东西，做一顿有满桌菜的晚饭，一家人围坐在一起，开心地吃着、谈笑着。晚饭后，在院子里月光最好的地方，供上香案，摆上新收获的瓜果和象征团圆的月饼，向着月亮许下美好的愿望。一家人围坐在一起唠嗑，吃着月饼、桂花糕，孩子们则吵着嚷着让奶奶讲"嫦娥奔月"的故事：嫦娥偷吃了西王母送给后羿的灵药，身子轻了，慢慢地飞了起来……皎洁的月光透过院子里的杏树叶洒在地上，星星点点，微风吹过，树叶沙沙飘落。

中秋月最圆。这一天，约上三五好友，在离月亮最近的餐厅或露天酒吧，邀月共饮，非常浪漫；或者选择江边风景最好处品茶、喝咖啡，和心爱的人儿看着水上的游船追月而去，欣赏天上月、江中月交相辉映……

这就是中国人的中秋，团圆的中秋，浪漫的中秋，一年中最美的节日。

月到中秋分外明

十五〇明亮

古语有云"月到中秋分外明"，一年十二个月，每个月的农历十五月亮都要圆一次，是否中秋节的月亮真的更圆更亮呢？

天文学家告诉我们，月亮的亮度，跟月亮反射给地球光线的反光面的大小有关，同时还跟月亮离地球的远近、月亮距离太阳的远近有关。每月的满月时，月亮的反光面最大。八月十五的月亮也并不比其他月十五的月亮更圆。"月到中秋分外明"这句话很大程度上只是迎合了人们的节日心境罢了。当然，一直运动着的月亮到了农历八月十五这天之所以显得格外明亮，除了与人们的心境有关，还与秋天特有的清爽气候有关。冬春两季，北方风沙比较大，气候干燥；夏季多雨，空气中有大量的水汽。这些情况，都会使月光通过大气时变得黯淡。但是，秋季却有另一番景象：天高气爽，玉宇无尘，大气里的水汽和尘沙较其他季节少，空气显得格外清新。月光通过这样的大气，受尘沙和水汽折射少，自然要比其他季节明亮得多。古诗有云："岂因月华别，只因秋气清。"

赏月

中秋赏月是自古以来的传统，此风俗源于祭月。到了唐代，国力昌盛、经济繁荣，严肃的拜月活动发展为千家万户赏月的浪漫节日。

"月似圆来色渐凝，玉盆盛水欲侵棱。夜深尽放家人睡，直到天明不炷灯。"

"皎皎秋空八月圆，嫦娥端正桂枝鲜。一年无似如今夜，十二峰前看不眠。"

"江天一色无纤尘，皎皎空中孤月轮。"

"嫦娥应悔偷灵药，碧海青天夜夜心。"

唐诗中有许多描写赏月的诗句，那时候不像现在这样高楼林立，也没有让人谈之色变的 PM2.5（细颗粒物）值，古人看到的是一轮明亮、圆润、皎洁、神圣而又神秘的月亮，玉兔、嫦娥、桂树、吴刚……人们对其充满了遐想。

宋代，中秋赏月之风更盛，每逢这一日，"诸店皆卖新酒……贵家结饰台榭，民间争占酒楼玩月，丝篁鼎沸……至于通晓"（《东京梦华录》）。与唐人不同，宋人赏月更多的是感物伤怀，常以阴晴圆缺喻人情世态，即使中秋之夜，明月的清光也掩饰不住宋人的伤感。

明清宫廷和民间的拜月赏月活动更具规模，中国各地至今遗存着许多"拜月坛""拜月亭""望月楼"等古迹。明清以后，每逢中秋，一轮圆月东升时，人们便在庭院里、楼台上，摆出月饼、柚子、石榴、芋头、核桃、花生、西瓜等食品，边赏月，边畅谈，直到皓月当空，再分食供月果品，其乐融融。如今，阖家团圆共赏明月已为时尚之举。

生活气息

"花间一壶酒，独酌无相亲。举杯邀明月，对影成三人。"

八月十五话团圆

中秋 ○ 团圆

　　八月十五这一天，大多数中国人是和家人一起度过的。一家人围坐一起，一桌子可口的饭菜，一屋子欢笑的亲人，边吃边聊，团团圆圆，其乐融融。

　　中秋是一个圆，月亮的圆，月饼的圆，以及每个人心中所追求的美好的团圆。

　　团圆成为中秋节俗的明确主题源于明清时期。《帝京景物略》中说："八月十五祭月，其祭果饼必圆，分瓜必牙错瓣刻之，如莲花……女归宁，是日必返其夫家，曰团圆节也。"意思是中秋节前回娘家的已婚妇女，中秋节这天必须返回公婆家，因为这是团圆节。民间认为女子出嫁后就是公婆家的人，中秋节不回来就是这家人没有团圆。

　　中秋晚上，我国大部分地区还有烙"团圆"的习俗，即烙一种形似月饼、象征团圆的小饼子，饼内包糖、芝麻、桂花和蔬菜等，外压月亮、桂树、兔子等图案。

　　祭月之后，由家中长者将饼按人数分切成块，每人一块，如有人不在家即为其留下一份，表示阖家团圆。

又是一年中秋节

再过两个星期，又到了一年一度的中秋佳节。我又在纠结：今年中秋是回婆家还是回娘家？这就是远嫁的女儿的烦恼，短短三天假期只能顾一头。作为女儿，我当然想回娘家。在我的家乡，中秋节也是要回娘家的。中秋节，女人和丈夫会带着孩子，提着礼品回娘家探望父母，与父母同吃团圆饭。外公外婆过世后，母亲也会在中秋节前带着父亲和弟弟去舅舅家"走节"。

到如今我仍然很怀念外婆家门前的菜园子，园子里有一棵罕见的石榴树，一棵柚子树，还有很多橘子树。秋天一到，树上就挂满了果子，中秋节的时候柚子还没有成熟，橘子酸酸甜甜可以入口了，而我们这群小孩最向往的当然是那鼓鼓囊囊的大石榴。中秋前后，石榴正好熟了，红色的果皮裂开了，用手轻轻一掰，就可见晶莹如宝石般的籽粒，入口酸甜多汁，回味无穷，这对我们来说是最好的节日礼物了。

现在回家过节，中秋节吃月饼、赏月的习俗还是没变。中秋当晚，母亲会拿出家里最好的、最贵的那盒月饼，用刀切成小块分给大家吃，并在院子里摆上水果、瓜子、花生等，我们就陪着老父老母吃月饼、品茶、喝酒、赏月，聊着当年的得失与收成，畅谈第二年的希望，心中充满无限的感动与快乐。而孩子们则对天上的月亮和星座表现出极大的热情，他们已经看过很多本科普书了，知道月亮上除了陨石坑什么都没有，知道太阳系有几大行星，哪颗最大，哪颗最亮……即便如此，到最后他们还是会要求我给他们讲嫦娥、吴刚、牛郎、织女的故事，正如我小时候一样，他们对神话情有独钟。

记得小时候去外婆家，我家自行车后座上驮着大大小小的礼品。路上，走亲戚的人手里都拎着礼包，充满浓浓的节日氛围。如今，礼品改用红包了，"走节"很多时候用一个电话代替，总觉得过节的气氛不够。但每年中秋，一家人能在皎洁的月光下坐在一起聊聊家常也已足够了。

世事无常，只有亲情如恒久的明月，一生一世，总在心间。

拜 月

幻想 o 敬意

中秋之夜，一轮圆月高挂在深邃夜空，播撒下皎洁的光华。自古以来，人们就对月亮充满幻想和自然的敬意，皇室以国家之力举办祭典，对民间产生重要影响。这时五谷即将丰登，果子已经成熟，农民们为了庆贺自己一年辛苦劳动而得来的收成，就准备些瓜果、糖饼之类，在中秋之夜祭拜月神和土地神。这样，祭月的典礼逐渐演变成更接近平民百姓的拜月习俗。

中秋拜月，关键是向月神示敬。凡是月光能照到之处，都可以拜月，中秋无月甚至下雨，也可以祭月，即向着月亮的方位，设大香案，摆上月饼、西瓜、苹果、红枣、李子、葡萄等祭品祭拜。在陕西，月饼和西瓜是绝对不能少的，西瓜还要切成莲花状。将月亮神像放在月亮升起的那个方向，红烛高燃，全家人依次祭拜月神，然后由主妇切开月饼。切月饼时应预先算好全家共有多少人，在家的、在外地的都要算上，不能多切也不能少切，切的块大小要一样。

当然，全国各地的拜月仪式不尽相同。

山东曲阜拜月要换上汉服，面朝皓月行祭拜礼，主祭者"三上香"后，念诵祭月祝文。

上海商贾拜月则会供设天香案桌，摆放嫦娥、月宫、玉兔等吉祥图像，置备菱、藕、石榴、柿子四色鲜果，取"前留后嗣"之意，然后拜月祈福。

在我国云南，傣族还有鸣枪拜月的习俗。根据傣族传说，月亮是天皇第三个儿子岩尖所变。他曾率领傣族人民打败外敌，赢得众人爱戴，死后就变成月亮，升向天空，继续发光，给傣族人民带来光明。所以傣族人民中秋拜月一定会鸣枪敬英雄。中秋这天，女主人做好丰盛的晚餐和中秋特制的糯米圆饼，把圆饼放在供桌的四个角上，再插一炷香。月亮升起，全家一起拜月，并对空鸣放火药枪，表达对英雄岩尖的敬意。仪式结束后，全家人围坐在一起，品尝食物，赏月，聊天。

"男不拜月，女不祭灶"

在我国很多地方还有"男不拜月，女不祭灶"的说法。据说，女人不祭灶是因为灶王爷长得像个小白脸，女的祭灶有"男女之嫌"。而男子多不愿意举行拜月仪式，因为中国人认为月亮代表阴，是女性的象征，男性属阳，所以一般只让女性举行拜月仪式，中秋节又称为"女儿节"。中秋晚上，当月亮升起，妇女们便在院子里或阳台上设案当空祭拜，桌子上摆满月饼、水果等祭礼。古代女子拜月常祈求容颜美丽。月中嫦娥以美貌著称，故少女拜月，则对月伫立，默默祈求"貌似嫦娥、圆如皓月"。据说女子拜月祈求容颜美丽除了与嫦娥的美貌有关外，还与丑女无盐的故事有关。

相传古代齐国丑女无盐，幼年时曾虔诚拜月，长大后，以超群品德入宫，但未被宠幸。某年八月十五赏月，齐王在月光下见到她，觉得她美丽出众，后立她为王后，中秋拜月由此而来。

月饼圆圆

节令○糕点

　　"八月十五月儿明呀，爷爷为我打月饼呀。月饼圆圆甜又香呀，一块月饼一片情呀……"提到月饼，就让人想起小时候喜欢哼唱的儿歌。月饼是久负盛名的中秋传统食品，每年的中秋节，家家户户都要吃月饼。月饼圆圆，又是阖家分吃，象征着团圆和睦，万里此情同皎洁，一年今日最分明。

　　古代月饼在中秋节是作为祭品出现的，月饼首先不是给"人"吃的，而是用来"敬神"的，这里的神指"月神"或"祖先"。在我的家乡，"敬神"就是奉祀祖先。人们将水果、月饼等各种食物奉献给神主，神主享用后，参加祭祀的人分吃祭品，这个过程叫"馂"，也叫"分胙"。人们认为，神主享用祭品后，会把福祉寄托在祭品中，吃了祭祀的食品就可以得到"神"或先祖的赐福与保佑。所以，人们祭祀的过程其实也是一种追忆先祖、寄托敬意、反省自身的过程。我们吃了祭祀的月饼，一方面接受了神主的赐福，一方面又履行了古老传统的祭祀文化。

　　月饼在我国有着悠久的历史。据史料记载，早在商、周时期，江浙一带就有一种纪念太师闻仲的皮薄馅厚的"太师饼"，这是我国月饼的"始祖"。汉代张骞出使西域时，引进芝麻、胡桃，为月饼的制作增添了辅料，这时便出现了以胡桃仁为馅的圆形饼，名曰"胡饼"。传说到了唐代，一次中秋节时唐玄宗和杨贵妃一边吃胡饼，一边赏月，玄宗觉得"胡饼"二字不雅，恰巧贵妃举头望月，便脱口说出"月饼"二字。从此"月饼"取代了"胡饼"。到后来，心灵手巧的人们给月饼加上好看的艺术图案，月饼就更加赏心悦目了。

到了元代末期，有了朱元璋中秋起义的传说。传说当时中原广大人民不堪忍受元朝统治者的残酷统治，纷纷起义抗元。朱元璋联合各路反抗力量准备起义，但朝廷官兵搜查十分严密，传递消息十分困难。军师刘伯温便想出一计策，命令属下把写有"八月十五夜起义"的纸条藏入饼子里面，再派人分头传送到各地起义军中，用这种方式通知他们在八月十五晚上起义响应。到了起义的那天，各路义军一齐响应，起义军如星火燎原。很快，徐达攻下元大都，起义成功了。消息传来，朱元璋高兴得连忙传下口谕，让全体将士与民同乐，并将起兵时传递秘密信息的"月饼"作为节令糕点赏赐群臣。此后，"月饼"制作越发精细，品种更多，大小不一，成为馈赠的佳品。从此以后，中秋节吃月饼的习俗便在民间流传开来。明·沈榜《宛署杂记》载："士庶家俱以是月造面饼相遗，大小不等，呼为月饼。"《酌中志》说："八月宫中赏秋海棠、玉簪花。自初一日起，即有卖月饼者。至十五日，家家供月饼瓜果。候月上焚香后，即大肆饮啖，多竟夜始散席者。如有剩月饼，仍整收于干燥风凉之处，至岁暮合家分用之，曰'团圆饼'也。"经过元明两代，中秋节吃月饼、馈赠月饼风俗日盛，且月饼有了"团圆"的象征。

月饼寓意美好团圆，连月饼馅也有讲究。最开始主要以芝麻、胡桃仁等为馅儿，到宋代加入酥油和糖。诗人苏东坡有诗称赞说："小饼如嚼月，中有酥与饴。"酥是酥油，饴就是糖，其味道香脆甜美可想而知。后来，月饼在质量、品种上都有新发展。原料品种、调制方法、形状等的不同，使月饼种类更为丰富，形成了京、津、广、港、苏、潮等各具特色的品种。

各式月饼一般形状相似，风味却迥然不同。

广式月饼皮薄馅大，轻油而偏重于糖，是月饼界的"头牌"，常见的馅有莲蓉、豆沙、蛋黄、枣泥，甚至还有叉烧、皮蛋、鸡丝、烧鸭、冬菇等各种口味。

京津月饼以素见长，一般用面粉和植物油做成酥皮，填上瓜子仁、胡桃仁、冰糖、桂花做的素馅。油与馅都是素的，不太腻，尝起来清清甜甜。

冰皮月饼和奶黄月饼是两个港式"软妹子"。最"娇气"的就是冰皮，时间一长就开裂，但吃起来软软滑滑，口感好。奶黄月饼的馅软绵绵的，入口即化。

苏式月饼和京式月饼外表很像，都是酥皮，但苏式月饼口味浓郁，油糖皆重，且偏爱于松酥，馅有熟火腿肉、松子枣泥、猪油豆沙等种类，那叫一个香啊！

潮式月饼身较扁，饼皮洁白，以酥糖为馅，入口香酥。

月饼的制作不同于其他西式糕点，每一道工序都要很用心，馅料的配比、面粉的加工、包馅压花乃至烤制时对温度的控制和时间的把握，都需要花很大功夫。在月饼里加入不同的馅儿，寓意也不尽相同，比如五仁口味寓意五子登科、五福临门，莲蓉口味则表示连年有余、荣华富贵。如今月饼不仅是别具风味的节日食品，还是四季常备的精美糕点，颇受人们欢迎。

传统手工月饼的制作

烘焙 ○ 制作

中秋节也是一个属于吃货的节日，近几年流行手工月饼，懂得烘焙的人都知道，手工月饼三分靠制作，七分靠烘烤，现在机器生产的月饼，味道肯定是赶不上手工制作的味道。

在湖南长沙，就很崇尚传统手工制作的月饼，这种月饼的包装只是一张极富复古气息的油纸，没有任何花哨的礼盒、提袋。长沙人干脆形容它为"那种用油纸包着的月饼"，在长沙一条不知名的小巷内，有一家名为"巢娱驰"的月饼店，每到中秋来临前买月饼的队伍要排出几百米。为了能尝到过去手工月饼的老味道，顾客提前很多天就要排队领号，然后在购买当天，再排几小时的队才能买到刚出炉的月饼。

手工月饼最大的特色就在于"手工制作"和"复古"，从和面、做馅、擀皮一直到包制、印模、烘烤，每一道工序都是手工完成。提到长沙手工月饼，就能勾起小时候的记忆。打开油油的包装纸，就会轻轻泛起两三层酥皮，呈浅黄色，带着一股酥油的芳香，咬上一口，甜而不腻，满嘴都是酥香。吃过很多种月饼，总觉得这种味道才与传统的中秋佳节更配。

月饼的传统做法包括做馅儿、擀皮、成型、烘烤等环节。除了选好料外，一个好烤炉也是必不可少的。

初级手工月饼攻略（五仁馅儿）：

1. 花生仁、核桃仁、瓜子仁、白芝麻、黑芝麻分别炒熟或烤熟，放入袋子中擀碎备用；

2. 低筋面粉和糯米粉混合均匀放入锅中干炒至微黄出香味，晾凉备用；

3. 花生油倒入锅中烧热，晾凉备用；

4. 将五仁馅中的液体用料，如熟油、凉水、麦芽糖混合均匀后，分别加入熟五仁粉、熟面粉、白砂糖，混合即成五仁馅；

5. 将转化糖浆、枧水、花生油混合均匀后加入低筋面粉，和匀成团后盖上保鲜膜放置一小时左右；

6. 将面团擀成比饺子皮稍厚的薄片，放入五仁馅，包好，滚成比月饼模子直径稍小的圆球，放入模具中，压制成型后倒出；

7. 放入烤盘，烤盘放烤箱中层，用 160℃上下烤十分钟后取出，刷一层蛋液，继续进烤箱烤十五分钟至表面上色即可。

中秋燃灯

游戏 ○ 祈福

燃灯以助月色，并祈求中秋平安。

中秋之夜，天清如水，月明如镜，如此良辰美景，人们也兴起了许多游戏活动，如燃塔祈福，火龙追月，放荷花灯问月，放孔明灯梦月……燃灯以助月色，并祈求中秋平安。

与元宵节的大型灯会不同，中秋节的燃灯活动主要是在家庭中进行。早在北宋《武林旧事》中，记载中秋夜节俗，就有将"一点红"灯放入江中漂流玩耍的活动。

中秋玩花灯，多集中在南方。

佛山秋色会上，就有各种各样的彩灯：芝麻灯、蛋壳灯、刨花灯、稻草灯、鱼鳞灯、谷壳灯、瓜子灯及鸟兽花树灯等。

在广州、香港等地，中秋夜要进行"树中秋"活动，"树"亦作"竖"，即将灯彩高竖起来。人们于节前十几天，用竹条扎灯笼，灯笼上画上果品、鸟兽、鱼虫及庆贺中秋等字样。中秋夜点燃灯内烛火，再系于高杆上，高高挂起来，俗称"竖中秋"。中秋之夜，满城灯火，彩光闪耀，为中秋再添一景。

每年的农历八月十五，广东很多地方还有放孔明灯的习俗。据相关资料记载，"孔明灯"又叫"天灯"，相传是由三国时的诸葛孔明（即诸葛亮）所发明。当年，诸葛孔明被司马懿围困于阳平，无法派兵出城求救。孔明算准风向，制成会飘浮的纸灯笼，系上求救的讯息，其后果然脱险，于是后世就称这种灯笼为孔明灯。另一种说法是这种灯笼的外形像诸葛孔明戴的帽子，因而得名。天灯又被称为"祈福灯"或"平安灯"。孔明灯"会飞"的原因是：燃料燃烧使周围空气温度升高、密度减小，从而排出孔明灯中原有空气，使自身重力变小，空气的浮力把它托了起来。要确保孔明灯成功起飞，在制作时，粘灯壁要非常仔细，如果灯壁有洞的话，热气一膨胀灯壁就会泄气，使灯内没压力，就飞不起来。

在广西南宁一带，除了以纸、竹扎各式花灯让儿童玩耍外，还有很朴素的柚子灯、南瓜灯、橘子灯。所谓柚子灯，是将柚子掏空，刻出简单图案，穿上绳子，内点蜡烛即成。柚子灯光芒淡雅。南瓜灯、橘子灯也是将瓤掏去制成。这些灯虽然朴素，但制作简易，很受欢迎，有些孩子还将柚子灯漂在水上做游戏。广西有简单的户秋灯，是以六个竹篾圆圈扎成，外糊白纸，内插蜡烛，挂于祭月桌旁祭月用，也可给孩子们玩。

在湖广一带有用瓦片叠塔，于塔上燃灯的节俗。塔高1—3米不等，多用碎瓦片砌成，大的塔还要用砖块，砖块约占塔高的1/4，然后再用瓦片叠砌而成，顶端留一个塔口，供投放燃料用。中秋晚上便点火燃烧，燃料有木、竹、谷壳等，火旺时撒松香粉，引焰助威，极为壮观。民间还有赛烧塔习俗，谁把瓦塔烧得全座红透则胜，未烧红的或在燃烧过程中倒塌的则负，胜的由主持人发给彩旗、奖金或奖品。据传，烧塔也是来源于元朝末年汉族人民反抗残暴统治者，于中秋起义时举火为号的故事。

猜灯谜

中秋燃灯的习俗很多地方都有，由此还衍生出中秋挂灯笼、猜灯谜等习俗。

中秋月圆夜在公共场所挂着许多灯笼，人们都聚集在一起，猜灯笼上写的谜语。由于猜灯谜是大多数青年男女喜爱的活动，同时这种活动也传出不少爱情佳话，因此中秋猜灯谜成了一种男女相恋的契机。

古代社会的年轻女孩一般不允许出外自由活动，但过节却可以结伴出来游玩，这就为当时未婚男女的相识提供了机会，未婚男女借着赏花灯的时机为自己物色对象、传情达意。"月上柳梢头，人约黄昏后"，"众里寻他千百度，蓦然回首，那人却在灯火阑珊处"，这些都是对赏灯时发生的故事的描述。传统戏曲中陈三和五娘就是因赏花灯相遇而一见钟情，《春灯谜》中宇文彦和影娘在灯下定情。

各地中秋特色习俗

观潮 o 摸秋 o 看会

中国地域广大，人口众多，风俗各异。八月十五，家家都要置办佳肴美酒，怀着丰收的喜悦，欢度佳节，因此中秋节习俗也是丰富多彩的。

观潮

在浙江一带，中秋观潮的风俗由来已久，在汉代枚乘的《七发》中就有详尽的记载。古时杭州观潮，以凤凰山、江干一带为最佳处。后因地理位置的变迁，从明代起海宁盐官成了观潮第一胜地，亦称"海宁观潮"。时至今日，钱塘是浙江省中秋节最具特色的观潮据点。"钱江秋涛"闻名国内外。农历八月十八前后几天，钱塘江出海的喇叭口，潮汐形成汹涌的浪涛，犹如万马奔腾。

摸秋

在江苏、湖南、安徽、贵州、四川和台湾等地，中秋节有一个奇俗叫"摸秋"，又叫"偷月亮菜"。月朗星稀的中秋夜，无论男人女人、老人小孩，自己一个人或三五成群，到别人家的地里偷一个瓜或是果来吃了，就叫"摸秋"。"八月半摸秋不算偷。"传说中秋之夜，无子的妇女到别人的园中偷红枣、瓜果来吃了，便可喜得贵子；未婚的少女只要把别人家的东西偷到手，就是好兆头，表明她即将遇到如意郎君。广东一带有民歌唱道："天青青，月明明，玉兔引路去偷青。偷了青葱人聪明，摘了生菜招财灵。"盖"葱"与"聪"谐音，"菜"与"财"音近。

烧斗香

江苏省无锡市中秋夜要烧斗香做祈祷祝福之用。将细香一层层像宝塔似的往上垒，四周用彩色纸装饰，纸上绘有月宫中的景色。

看会

四川省人过中秋除了吃月饼外，还要打粑粑、杀鸭子、吃麻饼、吃蜜饼等。有的地方也点橘灯，悬于门口以示庆祝。也有儿童在柚子上插满香，沿街舞动，叫作"舞流星香球"。四川嘉定中秋节祭土地神、演杂剧等，称为"看会"。

其他

在福建浦城，女子过中秋要穿行南浦桥，以求长寿。上杭县人过中秋，儿女多在拜月时请月姑。龙岩人吃月饼时，家长会在中央挖出部分圆饼供长辈食用，意思是秘密事不能让晚辈知道。这个习俗是源于月饼中藏有朱元璋起义字条的传说。金门县人中秋拜月前要先拜天公。

南京人阖家赏月称"庆团圆"，团坐聚饮叫"圆月"，出游街市称"走月"。明月高悬时，人们结伴同登望月楼、游玩月桥，以共赏明月为乐。

在北方，山东省庆云县农家在八月十五祭土地神，称为"青苗社"。诸城、临沂和即墨等地除了祭月外，还得上坟祭祖。山西省潞安则在中秋节宴请女婿。山西大同人则把月饼称为团圆饼，在中秋夜有守夜之俗。

河北省万全区称中秋为"小元旦"，月光纸上绘有太阴星君及关帝夜阅《春秋》像。河间市人认为中秋雨为苦雨，若中秋节下雨，当地人则认为青菜必定味道不佳。

陕西省西乡县中秋夜男子泛舟登崖，女子安排佳宴，不论贫富，必食西瓜。中秋有吹鼓手沿门吹鼓，讨赏钱。洛川县中秋节家长率学生带礼物为先生拜节，中午多于校内聚餐。

中庭地白树栖鸦，冷露无声湿桂花。今夜月明人尽望，不知秋思在谁家？

中秋美食

桂花糕、桂花糖、桂花酒

◎ 奠桂兮椒浆

中国的每个传统节日都有其特定的饮食习俗。春华秋实，每年中秋正是收获的季节，橙黄橘绿，五谷丰登，各种美食更是不胜枚举。中秋节吃月饼，这是每个中国人都知道的，但除了月饼外，还有很多中秋特色美食。

中秋的美食多与桂花相关，桂花又分为金桂、银桂、丹桂等品种，花期均在中秋前后。唐代诗人王建在《十五夜望月寄杜郎中》中就写道："中庭地白树栖鸦，冷露无声湿桂花。今夜月明人尽望，不知秋思在谁家？" 吴刚伐桂的神话传说，更为桂花增添了浪漫的色彩。中秋时节，人们一边赏月，一边吃着用桂花制作的各种食品，享受着良辰美景。

用桂花制作的食品以糕点、糖果最为多见。

桂花糕： 桂花糕已有三百多年历史，是用糯米粉、糖和蜜、桂花为原料制作而成的美味糕点，香甜可口，具有浓郁的桂花清香。我国各地都有制作桂花糕的习俗，品种多样，满足了人们对于味觉的各种需求，其中以桂林桂花糕、南京桂花糕、咸宁桂花糕、峡阳桂花糕最为有名。中秋正是吃桂花糕的时候，嚼着酥软的桂花糕，闻着桂花的清香，何等惬意。

桂花糖：想留住独属于八月的甜蜜香气，把桂花制成桂花糖是很不错的选择。桂花糖不仅美味可口，还弥漫着桂花浓郁的清香。将桂花从树上采摘下来，挑拣出杂质，将桂花放入清水中漂洗，洗掉泥沙后，用漏勺捞出，放到厨房纸上吸干水分，准备好干净的玻璃瓶和白砂糖，在瓶底撒上一层砂糖，接着一层桂花一层砂糖，装好后密封放入阴凉不透光处，让糖和桂花融合，时间越久香味越浓郁。

桂花酒：桂花不仅可供观赏，而且还有食用价值。中医认为，桂花性温味辛，煎汤、泡茶或浸酒内服，可以化痰散瘀，对食欲不振、痰饮咳喘、肠风血痢、经闭腹痛有一定疗效。桂花酒是选用秋季盛开之金桂为原料，配以优质米酒酿成，具有色泽金黄、芬芳馥郁、甜酸适口的特点，它是宴会及制作鸡尾酒的上乘美酒。屈原的《九歌》中便有"援北斗兮酌桂浆""奠桂兮椒浆"的诗句。可见我国用桂花酿酒的年代已是相当久远了。

鸭子

香鲜 o 味美

　　南京人中秋除吃月饼外，还必吃金陵名菜盐水鸭。中秋节吃鸭子，还有一段历史传说。元末时期，统治者欺压汉人，汉人决定推翻元朝。但当时统治严厉，不能明着组织斗争，就用暗语。大家约定，"中秋节吃鸭子"就代表中秋节大家一起采取行动，推翻元朝统治。盐水鸭又叫桂花鸭，因为中秋前后，桂花盛开季节制作的盐水鸭味道最好。"金陵桂花鸭"皮白肉嫩、肥而不腻、香鲜味美，具有香、酥、嫩的特点。

　　福建人也有中秋吃鸭子的习俗。用福建盛产的槟榔芋和鸭子一起烧，叫"槟榔芋烧鸭"，味道非常好。

　　在川西地区，烟熏鸭子是中秋节必备佳品。取当年生的仔鸭，褪毛、开膛、洗净后，去翅尖、鸭脚，加盐腌渍一夜，用开水略烫至皮紧，捞出抹干水分，置熏炉中，用稻草烟熏至茶色，出炉放入卤锅中煮熟。这样，色泽金红、肉质细嫩、烟香浓郁的烟熏鸭就做好了。制作烟熏鸭，卤水的调制极为重要。卤水要用老卤，每次卤时加入适量的香料、食盐、糖，卤制时要用重物将鸭子全部压入卤水中，卤制时间一般以 20 分钟左右为宜，时间过长鸭肉易老，影响口感。

芋头

吃米粉芋 ⚬ 有好头路

中秋玩月，剥芋头食之，谓之剥鬼皮。

中秋节吃芋头是源远流长的一项习俗，但各地人们在中秋节吃芋头的含义却各有不同。

北方农村在八月十五祭神时，有一种贡品就是芋头。传说土地神生日就在八月十五，到了秋收季节，人们看着一年艰苦劳动的收获，以为是土地神和自己的祖先在暗中保佑，于是将整个芋头煮熟装在碟里，或是将米粉芋（加入芋头煮成的米粉汤）装在大碗里摆在供桌上，以此来祭谢土地神和祖先的庇佑。

南方人吃芋头，主要是为了纪念元末农民起义，用芋头代替"人头"祭月。当年元朝统治者灭掉南宋，攻破潮州后对百姓进行屠杀，后来汉人起义，推翻元朝暴虐的统治后，便以其头祭月。每年中秋节不可能都用人头祭月，后人就取芋头的谐音且形似人头之寓意来祭奠祖先，一直流传至今。

潮汕人家吃芋头还有一种传说：明朝年间，倭寇侵犯我国东南沿海，百姓深受其害，朝廷派戚继光带兵抗击倭寇取得丰功伟绩，中秋佳节便在营地欢庆胜利。深夜，倭寇乘机偷袭，戚继光等被围困在山上，断绝粮草，士兵们只得挖野菜充饥，挖得了很多野芋，觉得很好吃，却不知其名，戚继光就说："为了纪念遇难的士兵就称它为'遇难'吧。"有一天夜晚，戚家军饱餐"遇难"之后，如天兵降临，英勇无敌，将倭寇全歼在睡梦里，取得了突围胜利。此后，东南沿海一带百姓每逢中秋佳节就必吃糖烧"遇难"，以此纪念戚继光的功绩，以表世代铭记民族危难。因"遇难"与"芋艿"谐音，故而世人就把它称为"芋艿"了。还有的地方吃芋头时把剥芋皮叫作"剥鬼皮"，认为其有辟邪消灾的意思。清朝乾隆癸未年的《潮州府志》曰："中秋玩月，剥芋头食之，谓之剥鬼皮。"

在台湾，也流行在中秋节吃芋头。有俗语说："吃米粉芋，有好头路。"取芋、路的谐音来祈求祖先保佑自己找到好的工作。

螃蟹

　　"菊花开，闻蟹来"，每年立秋之后，螃蟹黄满膏肥，是最佳的品尝时机。古代，螃蟹就已经出现在王公贵族的中秋宴上。据文献记载，《周礼》中就有周天子食蟹及蟹酱的记录，后来，中秋节吃蟹、饮酒、赏菊、赋诗，在宫廷贵族中盛行起来。《酌中志》就记载了明宫螃蟹宴的详情："始造新酒，蟹始肥。凡宫眷内臣吃蟹，活洗净，蒸熟，五六成群，攒坐共食，嬉嬉笑笑。自揭脐盖，细将指甲挑剔，蘸醋蒜以佐酒。或剔蟹胸骨八路完整如蝴蝶式者，以示巧焉。"中秋之夜，宫廷内摆上一桌螃蟹宴，摆上鲜花、大石榴以及其他时鲜，螃蟹用蒲包蒸熟后，众人围坐在一起，以酒助兴，以食联谊，以餐会友，共享中秋之乐。

　　古时，吃蟹是富贵人家的事，平常百姓很难吃得到，而到了现在，生活水平的提高使得人人都有机会品尝到肥美的蟹。说起吃蟹，当数阳澄湖的大闸蟹为佳。阳澄湖水质优良，水草茂盛，浮游生物丰富，湖底有平缓的坡度，多细洁的砂石，正是蟹的乐园。

秋季瓜果

瓜果◦飘香

中秋时节天高气爽，正是瓜果成熟之时，柚、柿、阳桃、菠萝、石榴、南瓜、西瓜、栗子、香蕉等都是中秋的美食。

西瓜

中秋佳节，陕西人不论贫富，必食西瓜，西瓜还要切成莲花状。作为解暑良品，西瓜性寒凉，糖分多，能清热泻火，具有宽中下气、利尿、治血痢、解酒毒的功效。在中秋月圆之时，一边乘凉赏月，一边吃着解暑的西瓜，凉意宜人，更增一家团聚的天伦之乐。而且，吃月饼之余吃上块西瓜，还能清热解腻。久而久之，吃西瓜成了陕西人过中秋的习惯。

南瓜

八月半吃南瓜的习俗也是有来头的。传说很久很久以前，南山脚下住着一户穷苦人家，双亲年老，膝下只有一女，名叫"黄花"。那时连年灾荒，黄花的父母病在床上，八月十五那天，黄花在南山杂草丛中发现两只扁圆形野瓜。她采了回来，煮给父母吃。两老吃了后食欲大增，病也好了。黄花姑娘就把瓜子种在地里，第二年果然生根发芽，长出许多圆圆的瓜来，因为这是从南山采来的，黄花就叫它南瓜。从此，每年八月十五这一天，江南家家户户流传着八月半吃老南瓜烧糯米饭的风俗。

菱角

中秋节吃菱角，据说能让孩子长得聪明伶俐。菱角大多是用清水（或盐水）煮熟，然后剥壳当零食吃；也可以将剥了壳的菱角加米煮成咸味的稀粥，在吃了甜腻的月饼后，喝上一碗菱角粥，胃中的油腻去除不少。

柚子

柚子是中秋节的必备品之一，因为"柚"与"佑"谐音，也是人们希望月亮保佑的意思。吃了甜月饼，再吃点甜酸的柚子，既开胃，又解油腻，让口腔有清爽感。柚子味道酸甜，略带苦味，含有丰富的维生素 C 及大量其他营养素，是医学界公认的颇具食疗效果的水果，有降血糖、降血脂、减肥、美肤养颜等功效，经常食用，对糖尿病、血管硬化等疾病有辅助治疗作用。

栗子

秋凉乍起，街头就开始飘起了糖炒栗子的香气。板栗性味甘寒，有养胃健脾、补肾强筋的作用，最适合秋天食用。栗子富含柔软的膳食纤维，糖尿病患者也可以适量品尝，对老龄体弱者最为适宜。板栗除了可以做零食，也可以入菜，著名的菜肴就有板栗鸭、板栗烧鸡、板栗炖鸡等，这些菜肴将板栗的美味发挥到极致。中秋节要吃得健康，板栗菜式必不可少。

但愿人长久，千里共婵娟。

文艺范儿

　　"天上月圆，人间团圆"，古往今来，有多少人在中秋之夜享受阖家团圆的幸福，感受浓郁温馨的亲情，又有多少文人墨客在中秋之夜对月抒怀、挥笔泼墨，写下流芳百世的绝美诗篇！

水调歌头

宋·苏轼

明月几时有，把酒问青天。

不知天上宫阙，今夕是何年。

我欲乘风归去，

又恐琼楼玉宇，

高处不胜寒。

起舞弄清影，何似在人间。

转朱阁，低绮户，照无眠。

不应有恨，何事长向别时圆。

人有悲欢离合，

月有阴晴圆缺，

此事古难全。

但愿人长久，千里共婵娟。

　　苏轼的《水调歌头》是公认的写中秋作品中的绝唱。中秋赏月，作者的思绪长了翅膀，天上人间自由翱翔。此词极富浪漫主义色彩，也充满了哲理与人情味。

那些与中秋
/nà/ /xiē/ /yǔ/ /zhōng/ /qiū/

相邻的节气
/xiāng/ /lín/ /de/ /jié/ /qì/

和节日
/hé/ /jié/ /rì/

『一年好景君须记，最是橙黄橘绿时。』秋天，稻谷黄、棉花白，它不像春那么羞涩，夏那么热情，它是成熟的，让人喜悦的。中秋起源于古代秋收时节的『祭月』活动，祭月无月则是大煞风景，『八月十五定太平』，这一天决定一年收成的好坏，因此，后来『祭月节』定为八月十五，被称为『中秋节』，这也是秋日里最隆重最浪漫的节日。八月暑去凉来，五谷丰登，春夏挥汗播种，终将收获美好。中秋前后的节气和节日，也寄托着人们对丰收的期盼，对美好生活的向往。

话说立秋

02

一候凉风至；二候白露生；三候寒蝉鸣。

立秋日

宋·刘翰

乳鸦啼散玉屏空，一枕新凉一扇风。

睡起秋声无觅处，满阶梧叶月明中。

每年的公历 8 月 7 日前后，是我国的第十三个节气——立秋。立，是开始的意思；秋，是庄稼成熟的时期；立秋，代表暑去凉来，秋天开始。

　　然而，热气的消散，气温的降低，一切还要慢慢来，立秋时节，我国大部分地区平均气温还在 27℃以上，还是一片夏日景致。人们一般将 9—11 月划为秋季，在我国秋天来得最早的黑龙江北部也要到 8 月中旬入秋，黄河流域 9 月初才有秋风送爽，当秋风吹到江南地区时，已经是 9 月底 10 月初了。气象学家认为，连续五天气温下降到 22℃以下才真正进入秋天。

　　我国古代将秋分为三候："一候凉风至；二候白露生；三候寒蝉鸣。"立秋后，不同于暑天中的热风，此时的风给人们带来了丝丝凉意。由于昼夜温差增大，大地上早晨会有雾气产生，这时候的蝉，因食物充足，温度适宜，在微风吹动的树枝上得意地鸣叫着。

　　古人把立秋当作夏秋之交的重要时刻，早在周代，每逢立秋，天子就会亲率三公九卿、诸侯大夫到西郊迎秋。宋时立秋这天，宫内要把栽在盆里的梧桐移入殿内，等到"立秋"时辰一到，太史官便高声奏道："秋来了。"奏毕，梧桐应声落下一两片叶子，以寓报秋之意。

　　立秋也是一个瓜果蔬菜最为丰盛的时节，农作物也进入了重要的成熟期，棉花裂铃吐絮，水稻、玉米进入灌浆成熟阶段，立秋节气前后的天气变化对农作物的丰收有很大的影响。经过夏季伏旱后，农作物对水的需求更加急切，农谚"立秋无雨对天求，田中万物尽歉收""立秋三场雨，遍地是黄金"都表达了农人对立秋雨水的期盼。

古代立秋的习俗

　　在周代立秋这天，天子亲率三公九卿、诸侯大夫，到西郊迎秋，并举行祭祀少皞、蓐收的仪式（见《礼记·月令》）。

汉代仍承周俗。《后汉书·祭祀志》："立秋之日，迎秋于西郊，祭白帝蓐收，车旗服饰皆白，歌《西皓》、八佾舞《育命》之舞……天子入圃射牲，以祭宗庙，名曰貙刘。"杀兽以祭，表示秋来扬武之意。到了唐代，每逢立秋日，也祭祀五帝。《新唐书·礼乐志》："立秋立冬祀五帝于四郊。"宋代，立秋之日，男女都戴楸叶，以应时序。有以石楠红叶剪刻花瓣簪插鬓边的风俗，也有以秋水吞食小赤豆七粒的风俗（见《临安岁时记》）。明承宋俗。清代在立秋这天，悬秤称人，和立夏日所称之数相比，以验夏中之肥瘦。

古人在立秋收成之后，不论朝廷还是民间，都会挑选一个黄道吉日，一方面祭拜、感谢上苍与祖先的庇佑，另一方面则尝试新收的米谷，以示庆祝，这个习俗一直延续至今！

庆丰收

八月中旬正是丰收的时节。这个时候金色的阳光洒满田野，梯田里黄黄绿绿的，处处瓜果飘香，空气里弥漫着瓜果与鲜花的味道。在我国各地，辛苦劳累了一年的人们会选择不同的日子，采用不同的仪式载歌载舞地庆祝丰收，感谢神灵恩赐，并祈祷来年能够风调雨顺。

庆祝丰收有多种习俗，比如有的地方就注重在中秋节这天三餐都要丰盛，尤其是晚餐，饭后还会准备很多新鲜的瓜果，让家人尽情食用，充满了丰收后的喜悦。苗族农民为庆祝丰收的到来，全村男女老少身着苗服跳起传统的苗族古瓢舞，并摆起长桌宴与来客共同欢庆。

山东庆云农村过去过中秋节时有祭土地神的习俗，台湾地区的农民也会在中秋节这天祭拜土地公，并且会在田间插上"土地公拐杖"。这种拐杖是用竹子做的，里面会夹上一些纸钱，称为"土地公金"，以此来感谢土地公的恩赐，并祈求土地公保佑来年也五谷丰登。

黄州好猪肉，价贱如粪土，富者不肯吃，贫者不解煮。慢着火，少着水，火候足时它自美。

生活气息

贴秋膘

立秋 ○ 习俗

立秋时节，天气燥热，秋天离我们好像还很远，时节更替的微妙变化却在百姓的餐桌上体现出来。

我国北方都有立秋贴秋膘的习俗。因为夏天胃口差，两三个月下来，体重大都要减少一点，秋风一起，胃口大开，要吃点好的，增加一点营养。吃肉是最好的选择，如炖肉、烤肉、红烧肉等，以肉贴膘。

"东坡肉"肥而不腻，回味无穷，是百姓餐桌上颇受欢迎的肉食。"东坡肉"是以苏东坡的名字命名的菜肴。苏东坡不仅诗词写得好，对烹调菜肴也很有研究，而且十分擅长烧肉。"东坡肉"起先是苏东坡在黄州制作的，那时他曾将烧肉之法写在《食猪肉》一诗中："黄州好猪肉，价贱如粪土，富者不肯吃，贫者不解煮。慢着火，少着水，火候足时它自美。每日早来打一碗，饱得自家君莫管。"但此菜当时并无名称。他在杭州做知府时，浙西一带大雨不止，太湖泛溢，庄稼大片被淹，他组织民工疏浚西湖，筑堤建桥，使西湖旧貌变新颜。城里的老百姓都很感激他，听说他平时最喜欢吃红烧肉，于是不少人不约而同地上门送猪肉。他收到很多猪肉，便让家人将肉切成方块，加盐、酒等调味料，用他的方法煨制成红烧肉，分送给疏浚西湖的民工。大家吃后，称赞此肉酥香味美，肥而不腻，便以他的名字将此烧肉命名为"东坡肉"。后来此菜流传开来，成为杭州一道名菜，流传至今。

东坡肉、红烧肉、滚肉其实是一种肉，只是叫法不同。以猪肉为主要食材，慢火，少水，多酒，是制作这道菜的诀窍。"东坡肉"皮薄肉嫩，色泽红亮，味醇汁浓，酥烂而形不碎，香糯而不腻口。

啃秋

食瓜 ◦ 咬秋

在我国江南地区，立秋仍然天气炎热，忌食大鱼大肉，"贴秋膘"就不用了，但却有"啃秋"的风俗。"啃秋"，又称为"咬秋"，指在立秋这天吃西瓜、香瓜，啃玉米，以表达丰收的喜悦。瓜棚里，树荫下，人们三五成群，席地而坐，手捧红瓤西瓜、绿瓤香瓜、金黄的玉米棒子啃，何等豪放。据说这天吃西瓜可以不生秋痱子。在浙江等地，立秋日取西瓜和烧酒同食，民间认为可以防疟疾。清朝张焘的《津门杂记·岁时风俗》中就有这样的记载："立秋之时食瓜，曰咬秋，可免腹泻。"

在浙江杭州一带有立秋日食秋桃的习俗。每到立秋日，人人都要吃秋桃，每人一个，桃子吃完要把桃核留藏起来。桃核一定要留到除夕的晚上，投到火炉中烧掉，据说这样就不会得感冒，可以免除来年的瘟疫。

山东莱西地区则流行立秋吃"渣"。"渣"就是一种用豆末和青菜做成的小豆腐，并有"吃了立秋的渣，大人孩子不呕也不拉"的俗语。

台湾人立秋吃"福圆"。立秋时节是台湾龙眼的盛产期。人们相信吃了龙眼肉，子孙会做大官，而龙眼又称为"福圆"，所以有俗谚曰："食福圆生子生孙中状元。"

秋社

祭祀 ○ 敬灶神

秋社原是秋季祭祀土地神的日子，始于汉代，后世将秋社定在立秋后第五个戊日。此时收获已毕，官府与民间皆于此日祭神答谢。唐韩偓《不见》诗："此身愿作君家燕，秋社归时也不归。"在一些地方，至今仍流传有"做社""敬社神""煮社粥"的说法。

文艺范儿

"秋不凉，籽不黄"，"立秋十天遍地黄"。

金色的秋天，是收获的季节，在这个季节里，人们盘算最多的就是农事。

歌谣

时到立秋年过半，可能有涝也有旱，
男女老少齐努力，战天斗地夺高产。
棉花应抹权边心，追肥时间到下限。
天旱浇水要适量，防治病虫巧把关。
早秋作物渐成熟，防雀糟蹋要常转。
晚秋作物治追榜，后期管理不能软。
适时播种大白菜，炕土壅葱夺丰产。
保护地菜筹建棚，底肥施足地深翻。
大积大造农家肥，割晒青草抽时间。
林木果树管理好，摘下果梨去卖钱。
畜禽管理要加强，要紧预防牛流感。
喂鱼注意多投草，鱼病防治至关键。
坑内菱角采下来，继续管好藕苇芡。

话说处暑

处暑无三日，新凉直万金。
白头更世事，青草印禅心。

03

长江二首

宋 · 苏洞

处暑无三日，新凉直万金。

白头更世事，青草印禅心。

放鹤婆娑舞，听蛩断续吟。

极知仁者寿，未必海之深。

立秋过后，每年的 8 月 23 日前后（8 月 22 日～ 24 日），太阳到达黄经 150°，是中国传统二十四节气的处暑。

处暑是个反映气温变化的节气，"处"含有躲藏、终止的意思，"处暑"表示炎热的暑天到此截止了。从这一天开始，我国大部分地区气温逐渐下降，全国气温一般比立秋降低 1.5℃左右，我国东北、华北、西北雨季结束，气温下降明显，空气干燥，昼夜温差加大，容易引发感冒等疾病，因此有"多事之秋"的说法。而在我国华南地区秋天总是姗姗来迟，高温仍然肆虐，是名副其实的"秋老虎"。

我国将处暑分为三候："一候鹰乃祭鸟；二候天地始肃；三候禾乃登。"此节气中老鹰开始大量捕猎鸟类，天地间草木开始凋零，"禾乃登"的"禾"是黍、稷、稻、粱类农作物的总称，"登"即成熟的意思。

处暑时节，到处是一望无际、色彩斑斓的海洋。晚稻田里掀起层层绿色的波浪；玉米拖着深褐色的胡须，沉甸甸地挂在枝头；棉桃儿挂满枝头，做着吐絮的准备……农人即将迎来"三秋"大忙。

走出三伏的人，刚刚享受一丝秋凉，往往再次感受到"秋老虎"的余威，早晚有凉意，白天热汗流。

生活气息

吃鸭正当时

处暑 ○ 啤酒鸭

　　农谚云："处暑天不暑，炎热在中午。"走出三伏的人，刚刚享受一丝秋凉，往往再次感受到"秋老虎"的余威，早晚有凉意，白天热汗流。由于降水少，秋旱、秋燥、秋乏接踵而来，困扰人们的生活。预防秋燥，饮食宜清淡安神，祛火润燥，补水利津。老鸭味甘性凉，因此民间有处暑吃鸭子的传统，鸭子的做法也五花八门，有白切鸭、柠檬鸭、子姜鸭、烤鸭、荷叶鸭、核桃鸭等。

　　而我最喜欢吃母亲做的啤酒鸭。母亲说鸭肉是凉性食物，有祛火排湿的功效，最合适这个季节吃。这个菜做起来很费神，杀鸭、去毛、洗净，切成差不多大小的块状，还要把较肥厚的鸭皮剔下来，这样炒出来容易入味还不油腻。鸭肉冷水下锅，参加姜片，大火煮开，捞出来沥干水分。烧热锅，爆香辣椒、姜、蒜，再放入鸭肉不时地翻炒，炒干水分。然后调入酱油、冰糖，炒至上色，倒入啤酒没过鸭肉，大火煮开，转为小火慢慢炆，最后加入干红椒，炒匀后大火收汁即可。鸭肉与啤酒简直是绝配，鸭肉不止入口鲜嫩，还带有一股啤酒的幽香。每年暑假回家母亲都会做这个菜。吃着啤酒鸭，再陪父亲喝两杯啤酒，对我来说，这就是最好的度假模式。

开渔仪式

祭海○活动

"秋老虎"并没有减缓沿海渔民修船结网的进度，因为处暑以后，便是渔业收获的季节。此时，为期近三个月的夏季休渔期即将结束，鱼虾贝类也已发育成熟，正是捕鱼的好时节。很多沿海地区在处暑这天都会举行隆重的开渔仪式，欢送渔民出海，祈求平安、丰收。

开渔仪式一般以祭海活动为主，千百年来，在浙江象山，渔民们在出海前总要敬拜妈祖，祭奠大海。黄色祭海祈福旗帜迎风招展，渔民们吹响海螺号、擂动大鼓，手持高香虔诚地登上祭坛向妈祖敬香。渔姑渔嫂们供上花生、核桃等五色果实，赤膊的船老大和手下抬一头全猪和一只全羊郑重地放到妈祖像前的供桌上。祭祀者们把海碗高举过头，又低首缓缓洒在脚下，他们面对着广阔的大海，高声喊道："一敬酒：出入平安；二敬酒：波平浪静；三敬酒：鱼虾满仓。"美丽的渔家姑娘们向大海献上祭舞，舞姿翩翩，四海共欢。

一敬酒：出入平安；二敬酒：波平
浪静；三敬酒：鱼虾满仓。

文艺范儿

处暑前后民间有庆赞中元的活动，捏面
人就是中元节一个非常有特色的习俗。

捏面人

处暑节气前后的民俗活动多与祭祖及迎秋有关。处暑前后民间有庆赞中元的活动，捏面人就是中元节一个非常有特色的习俗。北方中元节，家家户户除了上坟扫墓，祭拜祖先，还有一个重要的习俗就是捏面人馈赠亲友。传说在很久以前，民间发生了一场严重的瘟灾，那瘟神在人间打算要一半人的命才肯罢休。真武祖师为了救人，化身一妇人到民间教人们捏面人、吃面人消灾，瘟神在人间见到一片人吃人的惨状，信以为真，就不再伤害人了，人们才得以摆脱这场瘟灾。此后每到农历七月十五（即中元节），人们便用此象征性死亡来消解灾难。

面人是由面粉和糯米粉等原料做出的各种人物形象和动物形象，它是由民间做面花食品的工艺发展而来的。节日前几天，乡村的巧妇们三个五个聚在一起，发好精细白面，搓的搓，捻的捻，剪的剪，压的压，一个个活灵活现的面人就出来了：精巧细致的双鱼儿，灵动可人的小兔子，精神抖擞的老虎，栩栩如生的羊……然后急火蒸一蒸，一个个白白胖胖、鲜嫩灵活，接着要在面人身上点红，最后将点红后的面人放到锅里烤干或晾干，这样，一个个鲜活的面人就出炉啦。

这些都是含有祝福的意思的食品或者是祭祀用的供品。处暑时节，很多人都选择一些喜庆的作品送给家里人，送给小辈的花馍要捏成平形，称为面羊，取意羊羔吃奶双膝下跪，希望小辈不要忘记父母的养育之恩；送给老一辈的花馍要捏成人形，称为面人，寓意儿孙满堂，福寿双全；送给平辈的花馍要捏成鱼形，称为面鱼，寓意连年有余。

如今，面塑艺术作为珍贵的非物质文化遗产受到重视，小玩意儿也走入了艺术殿堂。专业的捏面艺人，根据所需随手取材，在手中几经捏、搓、揉、掀，用小竹刀灵巧地点、切、刻、划，塑成身、手、头、面，披上发饰和衣裳，顷刻之间，栩栩如生的艺术形象便脱手而成。现在的面塑作品不霉、不裂、不变形、不褪色，是馈赠亲友的纪念佳品，面塑艺术也被称为"中国的雕塑"。

北平的秋

○ 老舍

中秋前后是北平最美丽的时候。天气正好不冷不热，昼夜的长短也划分得平匀。没有冬季从蒙古吹来的黄风，也没有伏天里夹着冰雹的暴雨。天是那么高，那么蓝，那么亮，好像是含着笑告诉北平的人们：在这些天里，大自然是不会给你们什么威胁与损害的。西山北山的蓝色都加深了一些，每天傍晚还披上各色的霞帔。

在太平年月，街上的高摊与地摊，和果店里，都陈列出只有北平人才能一一叫出名字来的水果。各种各样的葡萄，各种各样的梨，各种各样的苹果，已经叫人够看够闻够吃的了，偏偏又加上那些又好看好闻好吃的北平特有的葫芦形的大枣，清香甜脆的小白梨，像花红那样大的白海棠，还有只供闻香儿的海棠木瓜，与通体有金星的香槟子，再配上为拜月用的，贴着金纸条的枕形西瓜，与黄的红的鸡冠花，可就使人顾不得只去享口福，而是已经辨不清哪一种香味更好闻，哪一种颜色更好看，微微的有些醉意了！

那些水果，无论是在店里或摊子上，又都摆列得那么好看，果皮上的白霜一点也没蹭掉，而都被摆成放着香气的立体的图案画，使人感到那些果贩都是些艺术家，他们会使美的东西更美一些。况且，他们还会唱呢！他们精心地把摊子摆好，而后用清脆的嗓音唱出有腔调的"果赞"："唉——一毛钱儿来耶，你就挑一堆我的小白梨儿，皮儿又嫩，水儿又甜，没有一个虫眼儿，我的小嫩白梨儿耶！"歌声在香气中颤动，给苹果葡萄的静丽配上音乐，使人们的脚步放慢，听着看着嗅着北平之秋的美丽。

　　同时，良乡的肥大的栗子，裹着细沙与糖蜜在路旁唰啦唰啦地炒着，连锅下的柴烟也是香的。"大酒缸"门外，雪白的葱白正拌炒着肥嫩的羊肉；一碗酒，四两肉，有两三毛钱就可以混个醉饱。高粱红的河蟹，用席篓装着，沿街叫卖，而会享受的人们会到正阳楼去用小小的木槌，轻轻敲裂那毛茸茸的蟹脚。

　　同时，在街上的"香艳的"果摊中间，还有多少个兔儿爷摊子，一层层的摆起粉面彩身，身后插着旗伞的兔儿爷——有大有小，都一样的漂亮工细，有的骑着老虎，有的坐着莲花，有的肩着剃头挑儿，有的背着鲜红的小木柜；这雕塑的小品给千千万万的儿童心中种下美的种子。

　　同时，以花为粮的丰台开始一挑一挑地往城里运送叶齐苞大的秋菊，而公园中的花匠，与爱美的艺菊家也准备给他们费了半年多的苦心与劳力所养成的奇葩异种开"菊展"。北平的菊种之多，式样之奇，足以甲天下。

　　同时，像春花一般骄傲与俊美的青年学生，从清华园，从出产莲花白酒的海甸，从东南西北城，到北海去划船；荷花久已残败，可是荷叶还给小船上的男女身上染上一些清香。

　　同时，那文化过熟的北平人，一入八月就准备给亲友们送节礼了。街上的铺店用各式的酒瓶，各种馅子的月饼，把自己打扮得像鲜艳的新娘子；就是那不卖礼品的铺户也要凑个热闹，挂起秋节大减价的绸条，迎接北平之秋。

　　北平之秋就是人间的天堂，也许比天堂更繁荣一点呢！

传统习俗中农历七月称"鬼月"，七月初一俗称"鬼门开"。相传鬼门一开，所有鬼魂都到人间来游玩，人们一不小心，就会惹鬼上身。

话说中元

在处暑到白露的这十五天之间，有一个特别的节日，即中元节。

中元节是道教的说法，中国古代将农历一、七、十月之十五日分别称上元、中元、下元：上元是天官赐福日，中元为地官赦罪日，下元为水官解厄日。中元节与除夕、清明节、重阳节是中国传统的祭祖大节。相传去世的祖先从七月初一起被阎王释放半月，民间普遍在此时祭祀过世的亲人，凡有新丧的人家，定要上新坟，有的地方还要祭孤魂野鬼。这一天以祀鬼为中心，因此被称为"鬼节"，又叫"七月半"。

七月十五也是佛教的盂兰盆节。"盂兰"，即倒悬的意思，形容苦厄之状，盆是指盛供品的器皿。佛教认为供此具可解救已逝去父母、亡亲的倒悬之苦。盂兰盆即"解倒悬"之意。关于盂兰盆，民间还流传目连救母的故事：目连的母亲青提夫人，家中甚富，然而吝啬贪婪，儿子目连却极有道心且孝顺。其母趁儿子外出时，天天宰杀牲畜，大肆烹嚼，无念子心，更从不行善。母死后被打入阴曹地府，受尽苦刑。目连为了救母亲而出家修行，得了神通，到地狱中见到了受苦的母亲。目连心中不忍，但以他母亲生前的罪孽，终不能走出饿鬼道，给她吃的东西还没到她口中，便化成火炭。目连无计可施，十分悲哀，又祈求于佛。佛陀教目连于七月十五建盂兰盆会，借十方僧众之力让母吃饱。目连乃依佛嘱，于是有了七月十五设盂兰供养十方僧众以超度亡人的佛教典故。目连母亲得以吃饱转入人世，变为狗。目连又诵了七天七夜的经，使他母亲脱离狗身，进入天堂。此后，每年七月十五佛教流行的地区便举行超度历代宗亲的佛教仪式，称为盂兰盆法会、盂兰盆斋、盂兰盆供等。

不论是中元节还是盂兰盆节，都是以奉亲、敬养、普度为主题，两节均在七月十五，因此"七月半"成了重要的传统节日。每到此时，全国各地都要举行隆重的祭祀活动。

生活气息

放河灯

　　相传鬼节之时，放出来的冤魂怨鬼无法托生，在地狱里徘徊，非常痛苦，却又找不到托生之路。放河灯就是为了普度水中的落水鬼和其他孤魂野鬼。人们认为，人为阳，鬼为阴；陆为阳，水为阴。倘若这一天这些鬼魂能找到一盏河灯，就能找到托生的道路。于是中元节的晚上，人们会在江河湖海之中投放河灯，并任其漂流。河灯也叫"荷花灯"，一般是在底座上放灯盏或蜡烛。

鬼文化的完善和充实

　　我国鬼文化的完善和充实得益于佛道两教。

　　道教是我们本地的产物，佛教是汉魏时从西土传入，两者融入儒家文化和世俗文化，人死后的阴间世界（佛家也称冥间），也就是鬼们生活的世界，逐渐被构建起来。道家的主要建筑是丰都城，并在四川东部长江之滨的平都山上有具体演示。风景秀美的平都山本是道家的七十二福地之一，西汉的王方平和东汉的阴长生都曾在此修炼，后得道成仙。王、阴倒读便是"阴王"，遂成了"阴间之王"，经过历代的演绎，加上《西游记》《钟馗传》等神魔小说的渲染，丰都便被构建成一座阴森可怖的鬼城，于是有了奈何桥、鬼门关、阴阳界、天子殿、无常殿、城隍庙等阴间建筑和各级官府。

比之于道教的阴间，佛教的冥间要完整系统得多。佛教有所谓"十界"之说，也就是世界上存在着十种境界，分别是佛、菩萨、缘觉、声闻、天、人、阿修罗、畜生、饿鬼、地狱。前四者称"四圣"，即已经超凡入圣，脱离了生死轮回之苦，后六者叫"六凡"，要在秽土中不尽地轮回，最后三者又叫"三恶道""三恶趣"，是更为不幸的境界，而地狱则是不幸之最。说起地狱，叫人不寒而栗，且有十八层之多，越往下层，苦难越深重。地狱中不但有阎罗、判官、鬼卒等凶神恶煞，还有刀山、油锅、碾盘、锯解、石磨种种酷刑，因此人死后最怕的是进入十八层地狱。

话说七夕

05

七夕节始终和牛郎织女的传说相连，这是一个很美丽的、千古流传的爱情故事。

在中国古代，农历七月初七夜晚往往繁星点点，草木留香，这就是人们俗称的"七夕"，也称为"乞巧节"或"女儿节"，是中国传统节日中最浪漫、唯美的一个节日，也是过去姑娘们最看重的日子。

相传织女有一双能织云霞的巧手，于是民间的少女们在这一天晚上在庭院里向织女星乞求智巧，希望能得到织女的灵气，因此七夕节又名"乞巧节""七巧节"或"七姐诞"。最早有关节日的记载在东晋葛洪的《西京杂记》"汉彩女常以七月七日穿七孔针于开襟楼，人俱习之"。唐宋诗词中，妇女乞巧也经常被提及，唐朝王建有诗说"阑珊星斗缀珠光，七夕宫嫔乞巧忙"。《开元天宝遗事》中也有记载，唐太宗与妃子每逢七夕在清宫夜宴，宫女们各自乞巧。这一习俗在民间也经久不衰，代代延续。

宋元之际，七夕乞巧相当隆重，京城中还设有专卖乞巧物品的市场，世人称为乞巧市。人们从七月初一就开始置办乞巧物品，乞巧市上车水马龙、人流如潮，到了临近七夕的时日，乞巧市上简直成了人的海洋，车马难行。

后来牛郎织女的爱情故事融入乞巧节，七夕坐看牵牛织女星就成了民间的习俗，凡间的妇女在这一天晚上向织女乞求智慧和巧艺，也少不了向她求赐美满姻缘，久而久之便形成了浪漫的七夕节。

七夕节始终和牛郎织女的传说相连，这是一个很美丽的、千古流传的爱情故事。

牛郎织女的传说

相传在很早以前，南阳城西牛家庄里有个聪明、忠厚的小伙子，父母早亡，只好跟着哥哥嫂子度日，嫂子马氏为人狠毒，经常虐待他，逼他干很多的活。一年秋天，嫂子逼他去放牛，给他九头牛，却让他等有了十头牛时才能回家，牛郎无奈只好赶着牛出了村。

牛郎独自一人赶着牛进了山。在草深林密的山上，他坐在树下伤心，不知道何时才能赶着十头牛回家。这时，有位须发皆白的老人出现在他的面前，问他为何伤心，当得知他的遭遇后，老人笑着对他说："别难过，在伏牛山里有一头病倒的老牛，你去好好喂养它，等老牛病好以后，你就可以赶着它回家了。"

牛郎翻山越岭，走了很远的路，终于找到了那头有病的老牛。他看到老牛病得厉害，就去给老牛打来一捆捆草，一连喂了三天，老牛吃饱了，才抬起头告诉他，自己本是天上的灰牛大仙，因触犯了天规被贬下凡间，摔坏了腿，无法动弹，自己的伤需要用百花的露水洗一个月才能好。牛郎不畏辛苦，细心地照料了老牛一个月，白天为老牛采花接露水治伤，晚上依偎在老牛身边睡觉，到老牛病好后，牛郎高高兴兴赶着十头牛回了家。

回家后，嫂子对他仍旧不好，曾几次要加害他，都被老牛设法相救，嫂子最后恼羞成怒把牛郎赶出家门，牛郎只要了那头老牛相随。

一天，天上的织女和诸仙女一起下凡游戏，在河里洗澡，牛郎在老牛的帮助下认识了织女，二人互生情意，后来织女便偷偷下凡，来到人间，做了牛郎的妻子。织女还把从天上带来的天蚕分给大家，并教大家养蚕、抽丝，织出又光又亮的绸缎。

牛郎和织女结婚后，男耕女织，情深义重，他们生了一男一女两个孩子，一家人生活得很幸福。但是好景不长，这事很快便让天帝知道了，王母娘娘亲自下凡来，强行把织女带回天上，恩爱夫妻被拆散。

牛郎上天无路，老牛告诉牛郎，在它死后，可以用它的皮做成鞋，穿着就可以上天。牛郎按照老牛的话做了，穿上牛皮做的鞋，拉着自己的儿女，一起腾云驾雾上天去追织女，眼见就要追到了，岂知王母娘娘拔下头上的金簪一挥，一道波涛汹涌的天河就出现了，牛郎和织女被隔在两岸，只能相对哭泣流泪。他们的忠贞爱情感动了喜鹊，千万只喜鹊飞来，搭成鹊桥，让牛郎织女走上鹊桥相会，王母娘娘对此也无奈，只好允许两人在每年七月初七于鹊桥相会。

后来，每到农历七月初七，相传牛郎织女鹊桥相会的日子，姑娘们就会来到庭院里，抬头仰望星空，寻找银河两边的牛郎星和织女星，希望能看到他们一年一度的相会，乞求上天能让自己能像织女那样心灵手巧，祈祷自己能有如意称心的美满婚姻，由此形成了七夕节。

生活气息

穿针乞巧

得巧 ○ 验巧

　　穿针乞巧是最早的乞巧方式，始于汉，流于后世。女子手持五色丝线和九孔针或七孔针，对着月亮连续穿针引线，将线快速全部穿过者称为"得巧"。《开元天宝遗事》就有描述："七夕，宫中以锦结成楼殿，高百尺，上可以胜数十人，陈以瓜果酒炙，设坐具，以祀牛女二星，妃嫔各以九孔针五色线向月穿之，过者为得巧之候。动清商之曲，宴乐达旦。士民之家皆效之。"到明清两代，又演变成了投针验巧的习俗。先准备一只盆，放在天井里，倒入鸳鸯水（白天取的水和夜间取的水混合），面盆和水要露天过夜，经七月初七太阳曝晒，到中午或下午就可以验巧了。明刘侗、于奕正的《帝京景物略》说："七月七日之午丢巧针。妇女曝盎水日中，顷之，水面生膜，绣针投之则浮，则看水底针影。有成云物花头鸟兽影者，有成鞋及剪刀水茄影者，谓乞得巧；其影粗如锤、细如丝、直如轴蜡，此拙征矣。"

拜织女

　　"拜织女"是少女、少妇们的事。她们大都是和自己的亲友五六人，多至十来人，联合举办此仪式。于月光下摆一张桌子，桌子上置茶、酒、五子（桂圆、红枣、榛子、花生、瓜子）等祭品；又有鲜花几朵，束以红纸，插在瓶子里，花前置一个小香炉。约好参加拜织女仪式的少妇、少女们斋戒一天，沐浴停当，准时聚齐，于案前焚香礼拜后，大家一起围坐在桌前，一面吃花生、瓜子，一面朝着织女星座，默念自己的心愿。不仅可乞巧，还可以乞子、乞寿、乞美，甚至可乞求嫁个如意郎君。

为牛庆生

　　传说王母娘娘用天河把牛郎织女分开后，老牛为了牛郎能够上天见到织女，让牛郎把它的皮剥下来，做成鞋穿上去见织女。人们为了纪念老牛的牺牲精神，便有了"为牛庆生"的习俗。儿童会在七夕之日采摘野花挂在牛角上，又叫"贺牛生日"。

吃巧果

花瓜 ○ 巧果

　　七夕的应节食品，以巧果最为出名。巧果又名"乞巧果子"，款式极多。主要的材料是油、面粉、糖或蜜。《东京梦华录》中称其为"笑厣儿""果食花样"，图样则有捺香、方胜等。宋朝时，街市上已有七夕巧果出售。若购买一斤巧果，还附送一对身披战甲、如门神的人偶，号称"果食将军"。巧果的做法是：先用水把白糖溶化，然后和入面粉、芝麻，拌匀后摊在抹了油的案板上揉，边揉边加油，再擀成面坯，把薄薄的面坯切成长方块，捏成梭形面坯。入油炸至金黄即可。手巧的女子，还会捏出各种与七夕传说有关的形象。此外，乞巧时用的瓜果也可以做成各种形状。有的将瓜果雕成奇花异鸟，有的在瓜皮表面浮雕图案，称之为"花瓜"。如今浙江的杭州、宁波、温州等地，在七夕这一天，人们还会用面粉制作各种小型物品，放到油锅里煎炸后称"巧果"。

拜魁星

魁首 ○ 祭拜

　　北斗七星的第一颗星叫"魁星"，又称"魁首"。俗传七月初七是魁星的生日。想求取功名的读书人特别崇敬魁星，所以在七夕这天祭拜魁星，祈求它保佑自己考试顺利。

文艺范儿

鹊桥仙，鹊桥边，只羡鸳鸯不羡仙！
直到今日，七夕仍是一个富有浪漫色彩的传统节日。

　　直到今日，七夕仍是一个富有浪漫色彩的传统节日。不少关于七夕的传说已消失，唯有象征忠贞爱情的牛郎织女的传说，一直流传于民间……

迢迢牵牛星

汉·佚名

迢迢牵牛星，皎皎河汉女。

纤纤擢素手，札札弄机杼。

终日不成章，泣涕零如雨。

河汉清且浅，相去复几许。

盈盈一水间，脉脉不得语。

　　牛郎织女的故事是我国古代民间传说中最古老优美的故事之一，而这首产生于东汉末的文人五言诗是关于这个故事最早的完整记录，重点描写了织女有情思亲、无心织布、隔河落泪、对水兴叹的情境，抒发了别离相思之情，想象丰富，感情缠绵。

秋夕

唐·杜牧

红烛秋光冷画屏，轻罗小扇扑流萤。

天阶夜色凉如水，坐看牵牛织女星。

这首七言绝句，是一首宫怨诗，描写了孤单的宫女于七夕之夜，仰望天河两侧的牛郎织女，不时扇扑流萤，排遣心中寂寞，表现了失意宫女孤独的生活和苦闷的心情。

七夕

宋·杨朴

未会牵牛意若何，须邀织女弄金梭。

年年乞与人间巧，不道人间巧已多。

这首七言绝句语言简练朴实，富有趣味，通过咏七夕的乞巧活动讽刺人间尔虞我诈的丑恶现象，将作者的愤世嫉俗表现得恰当、巧妙、深刻。

鹊桥仙（纤云弄巧）

宋·秦观

纤云弄巧，飞星传恨，银汉迢迢暗度。

金风玉露一相逢，便胜却人间无数。

柔情似水，佳期如梦，忍顾鹊桥归路。

两情若是久长时，又岂在朝朝暮暮。

鹊桥仙，词牌名，最初是咏牛郎织女七夕鹊桥相会故事的，因欧阳修的"鹊迎桥路接天津"得名。秦观的这首七夕节序词，借牛郎织女悲欢离合的故事，赋予这对仙侣浓郁的人情味。上阕写夫妻二人七夕相会的盛况，下阕写牛郎织女依依惜别的深情，以乐景写哀，以哀景写乐，倍增其哀乐，讴歌了真挚、坚贞的爱情；同时表述了作者的"两情若是久长时，又岂在朝朝暮暮"的爱情观，字字珠玑，感人肺腑。

行香子·七夕

宋·李清照

草际鸣蛩，惊落梧桐，正人间、天上愁浓。

云阶月地，关锁千重。

纵浮槎来，浮槎去，不相逢。

星桥鹊驾，经年才见，想离情、别恨难穷。

牵牛织女，莫是离中。

甚霎儿晴，霎儿雨，霎儿风。

这首双调小令，艺术构思十分巧妙，幻想与现实相结合，天上人间遥相呼应。全篇以描绘牛郎织女的离愁，含蓄婉转地抒写了人间七夕夫妻不得相见的苦衷。

话说白露

白露白迷迷，秋分稻秀齐。
白露天气晴，谷米白如银。

　　"蒹葭苍苍，白露为霜。"9月8日前后太阳到达黄经165度时，为白露节气。露是白露节气后特有的一种自然现象。这个时节，天气转凉，特别是晚上空气中的水汽遇冷凝结成细小的水滴，密集地附在植物的茎叶或花瓣上，呈白色，早晨太阳一照射，看上去晶莹剔透、洁白无瑕，因而得"白露"美名。《月令七十二候集解》对"白露"有诠释——"水土湿气凝而为露，秋属金，金色白，白者露之色，而气始寒也"。

　　此时正是仲秋季节，天高云淡，秋高气爽，花木依然茂盛，而且有的花颜色鲜艳，如木芙蓉、秋海棠、紫茉莉、鸡冠花等。不过，这时夏季风逐渐为秋季风所代替，一夜冷于一夜，很多植物在这个季节由荣转衰，对气候最为敏感的候鸟，如大雁，便发出集体迁徙的信息，准备向南飞迁。

　　白露这个节气，一眼望去，田野里高粱如火，棉花似云，大豆咧开了嘴，荞麦笑弯了腰，院子里有鲜红的石榴，金黄的大柿子，还有那嫩黄的大架丝瓜花，到处可见迷人的丰收景象。农人也在这时忙碌起来，辽阔的东北平原开始收获大豆、水稻和高粱，西北、华北地区的玉米、白薯等正在成熟，棉花产区也进入了全面的分批采摘阶段。农谚"白露高粱秋分豆""白露前后看，莜麦、荞麦收一半"都是真实的描述。从白露开始，西北、东北地区的冬小麦已开始播种，华北冬小麦的播种也即将开始。

　　各地流传的白露节气谚语：

　　　　　　　　白露白迷迷，秋分稻秀齐。

　　　　　　　　白露天气晴，谷米白如银。

　　　　　　　　处暑十八盆，白露勿露身。

　　　　　　　　白露秋分夜，一夜凉一夜。

　　　　　　　　草上露水凝，天气一定晴。

　　　　　　　　草上露水大，当日准不下。

　　　　　　　　夜晚露水狂，来日毒太阳。

　　　　　　　　干雾露阴，湿雾露晴。

　　　　　　　　喝了白露水，蚊子闭了嘴。

生活气息

在白露这一天吃龙眼有大补身体的奇效，据说在这一天吃一颗龙眼相当于吃一只鸡。

白露时节，太湖地区要祭禹王。禹王是传说中的治水英雄大禹，太湖畔的渔民都称他为水路菩萨，出去打鱼能保佑平安，每年农历正月初八、清明、农历七月初七和白露时节，这里将举行祭禹王的香会，其中又以清明、白露春秋两祭的规模为最大，历时一周。

在南京，有喝白露茶的习惯，此时的茶树经过夏季的酷热，白露前后正是它生长的极好时期。白露茶既不像春茶那样鲜嫩、不禁泡，也不像夏茶那样干涩味苦，而是有一种独特甘醇的清香，受到茶客的喜爱。老南京人还有自酿白露米酒的习俗，旧时江浙一带的乡下人家，每年白露一到，家家酿酒，用以待客。这酒温中含热，略带甜味，称"白露米酒"。

福州有个传统——白露必吃龙眼，在白露这一天吃龙眼有大补身体的奇效，据说在这一天吃一颗龙眼相当于吃一只鸡。龙眼性偏温，益心脾、补气血，有滋补养气的作用。老一辈喜欢剥一碗龙眼，混着稀饭一起吃。

白露养生

俗语云："处暑十八盆，白露勿露身。"这两句话的意思是说，处暑仍热，每天须用一盆水洗澡，过了十八天，到了白露，就不要赤膊裸体了，以免着凉。

秋季五行属金，对应肺。所以在养生方面，主要是养肺。

《黄帝内经》曰："肺者，气之本，魄之处也。其华在毛，其充在皮，为阳中之太阴，通于秋气。"即秋主肺也。而"肺者，相傅之官，治节出焉。位高近君，犹之宰辅"，说的则是肺在人体中的重要性。

白露后天气凉爽，但比较干燥，易伤肺，肺气损伤会引起胃气下降，肺肾两虚的人尤其要注意。土金相生，土乃金之母，葡萄、板栗、柿子等"秋燥"易伤胃的食物不可以多吃，易坏肚的瓜果也要少吃，所以此时的饮食应注重润肺、护胃、养肾。较为合适的水果有梨、甘蔗、龙眼、柚子、石榴等，但是都须适量食用。

辛味食物有发散及行气、行血的作用，而秋季宜收不宜散，所以入秋后要少吃葱、姜、蒜等辛味食物，尤其是气虚阴亏的人。

山药、莲子、枸杞、百合，这些药食两用的食物，都有很好的养阴生津、滋阴润燥功效。俗语说"秋粥宜人"，冰糖银耳莲子羹、红枣枸杞粥不但润肺防躁，还能抵御秋凉、预防感冒。

白露时节经常敲打肺经有养生的效果。肺经从肩胛骨凹陷的地方起，沿着手臂内侧，到大拇指内侧止，贯穿你的整个手臂，但最主要的部分在下臂内侧，有空的时候，用半空拳敲打，同时保证多喝水，就能使水分通过肺经转到真皮层，使皮肤不再干燥。每天坚持，一定会有效果。

白露时节常搓搓耳朵补养肾气，也是很好的养生方法。耳为肾之窍，传统中医认为"五脏六腑，十二经脉有络于耳"，因此，平时坚持搓耳、捏耳，可提神，强健身体。

最后，适当的早睡，可以有效保持体力，防止秋乏。

文艺范儿

蒹葭苍苍，白露为霜。
所谓伊人，在水一方。

诗经·蒹葭

先秦

蒹葭苍苍，白露为霜。所谓伊人，在水一方。

溯洄从之，道阻且长。溯游从之，宛在水中央。

蒹葭萋萋，白露未晞。所谓伊人，在水之湄。

溯洄从之，道阻且跻。溯游从之，宛在水中坻。

蒹葭采采，白露未已。所谓伊人，在水之涘。

溯洄从之，道阻且右。溯游从之，宛在水中沚。

白露

唐·杜甫

白露团甘子，清晨散马蹄。

圃开连石树，船渡入江溪。

凭几看鱼乐，回鞭急鸟栖。

渐知秋实美，幽径恐多蹊。

话说秋分

07

乡谣里唱道："白露早，寒露迟，秋分种麦正应时。"

　　每年的 9 月 23 日前后，太阳到达黄经 180 度时，进入秋分节气。秋分太阳直射赤道，昼夜平分。《春秋繁露·阴阳出入上下篇》云："秋分者，阴阳相伴也，故昼夜均而寒暑平。"秋分日居于秋季 90 天之中，因此这一天也平分了秋季。

　　秋分曾是祭月节。古有"春祭日，秋祭月"之说，最初的"祭月节"是定在秋分这一天的。后来，由于这一天在农历八月里的日子每年不同，不一定都是月圆之时，而祭月无月或月不圆则会大煞风景，所以，后来就将"祭月节"由秋分调至中秋。

　　秋分时节，我国长江流域及其以北的广大地区，日平均气温都降到了 22℃以下，凉风习习、秋高气爽，丹桂飘香、蟹肥菊黄，多彩的秋天真正到了。

　　秋分分为三候："一候雷始收声；二候蛰虫坯户；三候水始涸。"古人认为雷是因为阳气盛而发声，秋分后阴气开始旺盛，所以不再打雷了。"蛰虫坯户"中的"坯"字是细土的意思，就是说由于天气变冷，蛰居的小虫开始藏入穴中，并且用细土将洞口封起来以防寒气侵入。"水始涸"是说此时降雨量开始减少，由于天气干燥，水分蒸发快，所以湖泊与河流中的水量变少，一些沼泽及水洼处便开始干涸。

　　俗话说："稻黄一月，麦黄一夜。"阵阵秋风里飘来田野间稻谷与泥土的芳香气息，把秋天的气息传送到远方，仿佛在催促那些在外奔波的农家兄弟回家收割。乡谣里唱道："白露早，寒露迟，秋分种麦正应时。"农谚也说："秋分无生田，准备动刀镰。"我国很早就以秋分作为耕种的季节标志了。秋分是抢种冬小麦的时节。

　　玉米、稻子、棉花都成熟了，等待着收获，田野里一片忙碌景象，丰收的喜悦在秋分节气里弥漫。

生活气息

秋分时节还是孩子们放风筝的好时候，
尤其是秋分当天。

放风筝

　　秋分当天天气晴朗，是孩子们放风筝的好时候。有的地方还有放风筝比赛，上场的都是大人。市场上也有卖风筝的，风筝尺寸比较小，适合孩子们玩耍。而大人们放的是自己动手糊的风筝，先用细竹扎成骨架，再糊以纸或绢，系上长线，利用风力升到空中，相互竞争，看谁的风筝放得高。

送秋牛图

　　有些地方在秋分到来之际有送秋牛图的习俗。秋牛图是一种印有全年农历节气和农夫耕田景象的纸，通常为红色或黄色。送图者都是些民间善言善唱者，和春节送财神一样，只不过送秋牛图者到农家说些秋耕和吉祥不违农时的话，俗称"说秋"，每到一家即景生情，见啥说啥，说得主人乐而给钱为止。

粘雀子嘴

糯米 ○ 粘嘴

秋分这一天农民都按习俗休息，每家都要吃汤圆，而且还要煮二三十个无馅的汤圆，用细竹枝扦着置于室外田边地坎，名曰粘雀子嘴。

人们希望糯米做的汤圆能粘住偷食的雀儿的嘴巴，让它受个教训，今后不敢再来。当然，这只是农民朋友的美好想象和愿望。不过这也说明了一个道理，那就是汤圆的黏性比较大，不易消化，不宜多食。

吃秋菜

野苋菜 ○ 秋汤

在岭南地区，昔日开平苍城镇的谢姓人家，有个不成文的习俗，叫作"秋分吃秋菜"。"秋菜"是一种野苋菜，乡人称为"秋碧蒿"。到了秋分那天，村里人都去采摘秋菜。苋菜巴掌长短，叶呈卵形或棱形，呈绿色或紫红色，软滑而味浓，茎部纤维一般较粗，咀嚼时会有渣。采回的秋菜与鱼片做成"滚汤"，名曰"秋汤"。有顺口溜："秋汤灌脏，洗涤肝肠。阖家老少，平安健康。"野苋菜含有丰富的胡萝卜素、维生素 C，食之可增强抗病、防病能力，润肤美容。

秋分养生

乐观 o 运动

秋天多燥，多食"清润"食物　秋天多燥，饮食应以清润、温润食物为主，多吃"辛酸"果蔬和白色食物，如莲藕、荸荠、秋梨、百合、银耳、芝麻、核桃、糯米、蜂蜜、柿子等。同时要注意胃部的保暖，患有慢性胃炎的人，应特别注意适时增添衣服，不吃过冷、过烫、过硬、过辣、过黏的食物，忌暴饮暴食。

稳定情绪，莫要"悲秋"　秋天阳光照射不再充沛，阴气增、阳气减，为了贮存体内阳气，宜早睡早起。同时情绪要慢慢收敛，不躁进亢奋，也不畏缩郁结。"寒蝉凄切……骤雨初歇"，秋风冷雨，人体的新陈代谢和生理机能处于受抑制状态，容易出现凄凉、悲伤、抑郁等"悲秋"情绪。克服"悲秋"情绪，要及时调整，用积极工作或活动的方法，转移对"秋"的注意力，也可以选择体育锻炼和外出游玩，两者都能使人体产生一系列积极的化学变化和心理变化。

亲近自然，适当运动　秋分时节，气候宜人，也是运动的好时机。宜多接近自然、多运动，吸收天地精华，既可强身健体又可养肺。登高、打羽毛球、骑自行车、慢跑、游泳都是不错的选择。秋日，登高远眺，"看万山红遍，层林尽染"，饱览秋日美景和硕硕果实，是不错的选择。工作繁忙的人可选择碎片时间做做伸展动作，维持身体灵活度，滋脾补筋，加快体内循环。

记忆中的秋收

繁忙 o 喜悦

　　记忆中的秋天是在紧张繁忙和喜悦中度过的，秋收、秋种是这一季节的主旋律，农民们起早贪黑、披星戴月，饭顾不上吃，水顾不上喝，大多得瘦上几斤肉。

　　我小时候参加过多次秋收。那时，尽管我还是个孩子，可是在秋收面前人已不分老幼，能喘口气的都要下地，学校里勤工俭学也是组织大家秋收。我们那里秋收的主要任务是割稻子，天刚亮一家人就来到田里，女人、孩子负责割稻子，弯着腰，左手抓住一把稻子，右手持镰刀用力一割，把稻束整齐地叠在一起，动作要干净利落。男人们则扛出笨重的轧稻机，接线，开始轧稻。随着滚轴的转动，将稻束伸进滚筒，一颗一颗，稻粒飞溅累积在轧稻机的后仓里。最后再将后仓的稻谷用箩筐装起，一担一担挑回家，摇摇晃晃，来回几十次，当中的辛苦也只有靠天靠地的农民才能体会。

　　小时候，我最害怕的就是下地割稻子了，一个上午，身上早已是挥汗如雨，却也只是割完了一小块。而我最喜欢的就是和爸爸一起收花生了。秋分收花生正当时，晚了花生熟透了，发芽的发芽，落把的落把，早就和根分离了，收起来太费力。收花生之前如果下一场大雨那是最好了，雨水浸泡后，土质变得松软，只要轻轻一拔，地底下的花生就带出来了，抖掉上面的泥土，一嘟噜一嘟噜白生生的花生，垂挂在黄绿色的枝秧下面，煞是喜人。如果不下雨，就要借助锄头、铁耙了，即便是这样，也有很多花生遗漏在泥土里。我们小孩子就最喜欢到别人收过的空地里捡花生了，每逢看到遗漏的花生从翻过的泥土中露出白白的一角，那种发现和得到的成果虽是小小的，可快乐却大大的。

对我来说摘花生也是一大乐事。每次收完花生苗要花上好几天时间把花生一颗颗摘下来。我平时是不喜欢吃花生的，但是却独独爱吃新鲜的刚摘下来的花生，那种花生混合着泥土散发出来的独有的清新味道，那种味道，不是香，不是甜，说不清究竟是种什么样的复合味道，但就是让我过去和现在都为之深深迷恋，想起来我就会忍不住心驰神往。

记忆中的秋天是忙碌与挥汗如雨，而今天，随着科技的发展，秋收、秋播都是机械化运作，过去农民们需要几天才能收完的稻谷，现在几个小时就能完成，田野里少了来来回回奔波的身影，似乎也少了几分秋天的味道。

文艺范儿

今年秋气早，木落不待黄，
蟋蟀当在宇，遽已近我床。

天高云淡，凉风习习，夏季浓浓的绿意已然淡出了人们的视野，缕缕秋风带来了迷人的色彩。

晚晴

唐·杜甫

返照斜初彻，浮云薄未归。

江虹明远饮，峡雨落余飞。

凫雁终高去，熊罴觉自肥。

秋分客尚在，竹露夕微微。

满江红·中秋寄远

宋·辛弃疾

快上西楼，怕天放、浮云遮月。

但唤取、玉纤横笛，一声吹裂。

谁做冰壶浮世界，最怜玉斧修时节。

问常娥、孤冷有愁无，应华发。

云液满，琼杯滑。长袖起，清歌咽。

叹十常八九，欲磨还缺。

若得长圆如此夜，人情未必看承别。

把从前、离恨总成欢，归时说。

秋分后顿凄冷有感

宋·陆游

今年秋气早，木落不待黄，

蟋蟀当在宇，遽已近我床。

况我老当逝，且复小彷徉。

岂无一樽酒，亦有书在傍。

饮酒读古书，慨然想黄唐。

耄矣狂未除，谁能药膏肓。

　　凉风习习，碧空万里，丹桂飘香，秋高气爽，秋是美好宜人的季节。这个季节的田野里，金黄的玉米挂满枝头，花生从湿漉漉的地里被拔出，苹果缀满枝头，而最忙碌而快乐的人，一定是正在田间收割的农民。

　　洒下汗水，付出辛勤劳动，秋也必定会给你丰硕的回报。收割也是在享受，忙碌总不觉得累，男人女人，都浑身是劲，就连小孩子也会随着大人在跑前跑后，学着大人的样子在忙碌。人们总是不约而同来到田里，割稻时你追我赶，奋力向前，田野里人来人往，车来车往，平车、小车、拖拉机，伴随着收割机的轰鸣，为稻粒忙碌，为收获欢歌。

　　处暑之后，秋意渐浓，正是人们畅游郊野、迎秋赏景的好时节。

　　八月十五中秋夜该是这个季节最美的夜晚。皎洁的月光下，一家人喝酒、聊天，唱着关于月亮的歌谣，品尝着各色美食，日子如此美好，生活除了忙碌，还充满快乐的味道。